高等职业技术教育"十二五"规划教材——土木工程类

工程测量技术与应用实训

（第二版）

主编 张福荣
主审 张志刚

西南交通大学出版社

·成 都·

图书在版编目（CIP）数据

工程测量技术与应用实训 / 张福荣主编. —2 版.
—成都：西南交通大学出版社，2013.8（2020.8 重印）
高等职业技术教育"十二五"规划教材. 土木工程类
ISBN 978-7-5643-2590-9

Ⅰ. ①工… Ⅱ. ①张… Ⅲ. ①工程测量－高等职业教育－教材 Ⅳ. ①TB22

中国版本图书馆 CIP 数据核字（2013）第 196357 号

高等职业技术教育"十二五"规划教材——土木工程类

工程测量技术与应用实训
（第二版）

主编　张福荣

责任编辑	王旻
封面设计	墨创文化
出版发行	西南交通大学出版社
	（四川省成都市二环路北一段 111 号
	西南交通大学创新大厦 21 楼）
发行部电话	028-87600564　028-87600533
邮政编码	610031
网　　址	http://www.xnjdcbs.com
印　　刷	成都蓉军广告印务有限责任公司
成品尺寸	185 mm × 260 mm
印　　张	4.75
字　　数	117 千字
版　　次	2013 年 8 月第 2 版
印　　次	2020 年 8 月第 15 次
书　　号	ISBN 978-7-5643-2590-9
定　　价	16.00 元

图书如有印装质量问题　本社负责退换
版权所有　盗版必究　举报电话：028-87600562

第二版前言

本教材第一版是在 2006 年出版的《普通测量课间实习指导书与报告书》教材的基础上，经修订后更名为《工程测量技术与应用实训》，是与《工程测量技术与应用》主教材配套。本次修订以高等职业技术教育，培养高素质技能型专门人才的目标为指导思想，依据"2012 年高等职业技术学校教学标准"对教材所选实训项目进行了删选，亦对部分文字叙述做了修改。

全书共包括二十一个实训任务，由陕西铁路工程职业技术学院张福荣主编，张志刚主审。

在编写过程中，参阅了大量的文献，引用了同类书刊中的一些资料，在此，谨向其作者表示谢意！

由于编者水平有限，书中难免存在不妥之处，恳请读者和同行批评指正。

编 者

2013 年 6 月

前言

　　本书是与《工程测量技术与应用》教材配套的实训指导书。本教材按照高等职业技术教育培养高素质技能型人才的目标，根据各土建专业职业能力需求，理论联系实际，选取了所必需的实训任务，旨在对学生实践能力的培养。

　　全书共列二十一个实训任务，由陕西铁路工程职业技术学院张福荣主编，张志刚主审。

　　在编写过程中，编者参阅了大量的文献，引用了同类书刊中的一些资料，在此，谨向其作者表示谢意！

　　由于编者水平有限，书中存在不妥之处，恳请读者和同行批评指正。

编　者

2009 年 9 月

目录

测量实习须知 ………………………………………………………………… 1
任务一　　DS$_3$型水准仪的认识 …………………………………………… 3
任务二　　支水准测量（往返测量）………………………………………… 6
任务三　　闭合水准测量 …………………………………………………… 10
任务四　　附合水准测量 …………………………………………………… 14
任务五　　DS$_3$型微倾式水准仪的检验与校正 …………………………… 17
任务六　　SDL$_{30}$电子水准仪的认识 ……………………………………… 21
任务七　　DJ$_6$型经纬仪的认识 …………………………………………… 23
任务八　　测回法测水平角 ………………………………………………… 26
任务九　　DJ$_2$型经纬仪的认识 …………………………………………… 29
任务十　　方向观测法测水平角 …………………………………………… 32
任务十一　竖直角测量 ……………………………………………………… 36
任务十二　经纬仪的检验与校正 …………………………………………… 39
任务十三　钢尺普通量距 …………………………………………………… 43
任务十四　视距法测量 ……………………………………………………… 46
任务十五　全站仪的认识与使用 …………………………………………… 48
任务十六　闭合导线测量 …………………………………………………… 50
任务十七　四等水准测量 …………………………………………………… 54
任务十八　碎部点测量（经纬仪视距法）…………………………………… 58
任务十九　测设的基本工作 ………………………………………………… 61
任务二十　点的平面位置的测设 …………………………………………… 64
任务二十一　根据已有建筑物进行建筑物定位 …………………………… 67
参考文献 ……………………………………………………………………… 69

测量实习须知

一、实习目的

测量学是一门实践性较强的应用学科，测量实习是测量课教学的重要环节。通过实习，学生应对所学的基本理论知识加深理解和进行巩固，掌握测绘仪器操作的基本技能、测量外业的作业程序及观测记录、内业数据处理的基本方法，培养自己分析和解决实际测量问题的能力及严谨的科学态度、团结协作的团队意识、吃苦耐劳的坚韧品质。

二、实习要求

1. 实习以组为单位，采取组长负责制。
2. 实习前，应仔细阅读实习指导书与报告书，明确实习目的和内容、实习操作步骤及注意事项，明确技术要求和精度指标；复习教材中的相关知识；准备好必要的文具。
3. 应遵守课堂纪律，不能迟到、早退，严禁无故缺席。
4. 实习场地由指导教师统一安排，在实习教师的指导下，完成实习指导书要求的内容；保证观测精度要求，达到实习目的。
5. 应集中精力，抓紧时间练习，不得做与实习无关的事情。
6. 严格遵守"测量仪器工具使用规则"和"测量记录与计算规则"。
7. 实习期间，仪器出现故障，应及时向指导教师报告，严禁自行处理。
8. 严格按照规定的方法和程序，认真、仔细地操作，确保测量结果的质量。

三、仪器工具的借领

1. 每组凭仪器借用卡到测量仪器室借领实习所需仪器工具。
2. 借领仪器时，每组应检查所需仪器工具是否齐全、完好，如有缺损，应告知仪器发放人员，以便补领和更换。
3. 实习期间所借仪器工具，应妥善保管，不得私自调换或转借他人。
4. 实习结束后，应归还所借仪器工具到测量仪器室，经仪器室教师检查确认仪器完好无损后，将仪器借用卡退还给实习小组。如仪器遗失或损坏，应写出书面报告，说明情况，并按学校有关规定给予赔偿。

四、测量仪器工具的使用规则

测量仪器是精密贵重仪器，使用时必须按操作规程进行：

1. 打开仪器箱前,应把仪器箱平放在地上,开箱后,应注意仪器在箱中的位置,以免装箱时因位置不正确而损坏仪器。

2. 取出仪器时,双手应握住支架或基座轻轻取出仪器。

3. 仪器和三脚架连接时,一手握住仪器,一手去拧连接螺旋,直到仪器与脚架连接牢固方可松手。

4. 仪器连接好后,应关闭箱盖,以免灰尘和湿气进入箱内。仪器箱上严禁坐人。

5. 操作仪器时,动作要轻、稳、慢,不要用手触摸仪器的光学镜头,决不允许用布或纸擦拭镜头,以免损伤镜头。

6. 转动仪器时,一定要松开制动螺旋,不可强行转动,以免损坏仪器。

7. 转到位后,不能强行转动,以免脱落,旋转螺旋时应均匀用力,以免损伤螺纹。

8. 仪器迁站时,应将微动螺旋和脚螺旋调节到中间位置。

9. 短距离迁站时,应松开制动螺旋,将脚架轻轻合拢,放于腋下,一手抱着脚架,一手托着仪器,稳步前行,禁止肩扛仪器迁站。在困难地区或长距离迁站时,应将仪器装箱。

10. 仪器装箱时,应将制动螺旋松开,其他螺旋调节到中间位置。

11. 电子测量仪器,如电子经纬仪、电子水准仪、全站仪、GPS 等,在野外更换电池时,应先关闭电源。装箱之前,也必须先关闭电源。

12. 不准将水准尺靠在墙上、树上,以及其他支撑物上,防止意外损坏。对于塔尺,用完后将尺子收回。

13. 钢尺的使用,应防止扭曲、打结和折断,不要将钢尺在地面上拖拉,防止行人踩踏或车辆碾压,尽量避免尺身着水,以防钢尺受潮。钢尺用完后,应用油棉纱擦干净,以免生锈。

14. 带有补偿器的仪器,观测结束后,应及时关闭补偿器。防止由于震动损坏补偿器装置。

五、测量记录与计算规则

1. 测量记录应使用铅笔书写,要求字体端正清晰,字体的大小一般占格宽的 1/2 或 2/3。

2. 记录的数据禁止涂改、禁止用橡皮擦、禁止转抄,以保持记录的原始性和真实性,如果记录错误,应以斜线划掉,将正确的写在其上方。

3. 记录观测数据之前,应将表头栏目填写齐全,不得空白。

4. 有效数字的位数,反映观测的精度,如水准测量中记录 1.75,其表示观测到 cm,记录 1.750,其表示观测到 mm,因此不管 0 在小数点前或小数点后,都不能省略。

5. 测量的取数原则为四舍六入、五前奇进偶不进,如 1.535 m 和 1.545 m 取小数点后两位均为 1.54 m。

任务一　DS$_3$型水准仪的认识

一、实习目的

1. 熟悉水准仪各部件的名称、作用及使用方法。
2. 掌握一个测站测两点间高差的方法。

二、实习内容

1. 认识水准仪各部件的名称，并掌握其作用。
2. 练习水准仪的使用。
3. 练习一个测站测两点间高差的方法。

三、实习分组与仪器工具

每组 3 人，配备 DS$_3$ 水准仪 1 套，水准尺 2 把，尺垫 2 个，自备铅笔、小刀、指导书。

四、实习方法及步骤

1. 指导教师讲解水准仪各部件的名称、作用，并示范操作方法。
2. 认识水准仪各部件的名称，以及水准尺的分划注记。
3. 安置仪器。
（1）打开三脚架，松开蝶形螺旋，伸缩架腿，使三脚架高度适中。
（2）选定安置仪器的位置，放置脚架，将三脚架脚尖踩牢固，且架头大致水平。
（3）打开仪器箱，取出仪器，将仪器用连接螺旋安置在三脚架上。
4. 粗平。
（1）调节其中两个脚螺旋，使气泡移动到过圆水准器零点且垂直这两个脚螺旋连线的直线方向。
（2）调节第三个脚螺旋，使圆气泡居中。
5. 瞄准后视点水准尺。
（1）目镜调焦：调节目镜对光螺旋，使十字丝清晰。
（2）概略照准：利用镜筒上的照门（缺口）和准星，使其三点成一线照准目标。
（3）物镜调焦：转动物镜对光螺旋，使水准尺在望远镜内成像清晰。
（4）消除视差：重新转动物镜对光螺旋，使水准尺影像落在十字丝平面上。
（5）精确照准：转动微动螺旋，使尺像一边和十字丝纵丝重合或纵丝平分标尺。
6. 精平。调节微倾螺旋，使符合气泡符合。读取后视读数 a，记入表 1 后视一栏。

7. 松开水平制动螺旋，转动望远镜，瞄准前视点水准尺，精平，读取前视读数 b，记入表 1 前视一栏。

8. 计算两点间高差（$h = a - b$），记入表 1 高差一栏。

五、注意事项

1. 三脚架要安置平稳，中心螺旋及蝶形螺旋不要拧得过紧。
2. 操作时不要随便靠压脚架及仪器的任何部位，不得在仪器周围来回走动。
3. 操作前，应将各螺旋调节到中间位置。
4. 读数前应看清水准尺的分划注记形式。
5. 一定要消除视差。
6. 每次读数前应使符合气泡符合，且读数时应注意估读的准确性。

六、实习报告

1. 记录手簿。

表 1　水准尺读数及高差计算练习记录手簿

日　期：　　　　　　天　气：　　　　　　仪　器：
组　别：　　　　　　观　测：　　　　　　扶　尺：

测　点	水准尺读数		高　差	备　注
	后　视	前　视		

2. 实习小结。

实习小结	

3. 思考题。

（1）将水准仪各部位名称填入下图相应位置。

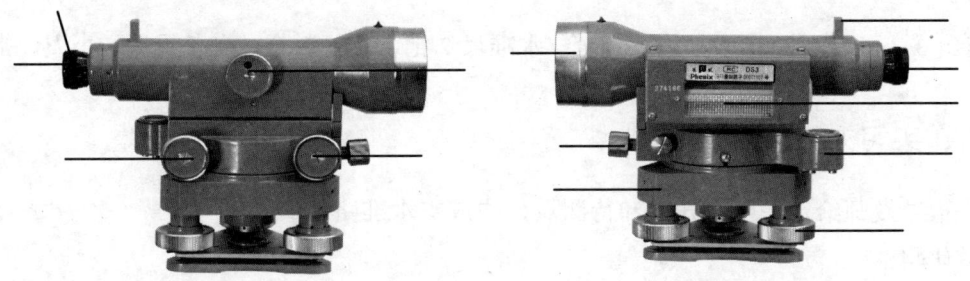

（2）简述一个测站测两点间高差的方法。

任务二　支水准测量（往返测量）

一、实习目的

掌握支水准测量（往返测量）的观测、记录和计算方法。

二、实习内容

1. 练习水准仪的使用方法。
2. 已知 BM_A 点高程 $H_A = 382.996$ m，采用往返观测法，求 BM_B 点的高程。

三、实习分组与仪器工具

每组 3 人，配备 DS_3 型水准仪 1 套，水准尺 2 把，尺垫 2 个，自备铅笔、小刀、指导书。

四、实习方法及步骤

1. 指导教师给定一个已知点和待测点，构成支水准路线。
2. 往测。
(1) 由已知高程点 BM_A 出发，沿拟定的水准路线方向，设立 ZD_1，在 BM_A 和 ZD_1 之间安置水准仪，读取后视读数 a_1 及前视读数 b_1，并记入记录手簿。
(2) ZD_1 立尺不动，设立 ZD_2，在 ZD_1 和 ZD_2 之间安置水准仪，读取后视读数 a_2 和前视读数 b_2 并记入记录手簿。
(3) 按上述方法，由 BM_A 点出发，逐站观测至待测点 BM_B。
3. 返测。选择不同于往测的水准路线，按照上述方法，由 BM_B 点观测到 BM_A 点。
4. 计算检核。

计算检核：　　　$h_{AB} = \sum h = \sum a - \sum b$

高差闭合差：　　$f_h = h_{往} + h_{返}$

容许闭合差：　　$F_h = \pm 30\sqrt{L}$　mm

支水准路线为两点间单程水准路线长度。

若 $f_h \leqslant F_h$，精度合格；若 $f_h > F_h$，精度不合格，重新测量。

5. 在表 2 内计算平均高差，并推算待测点的高程。

平均高差：　　$h_{AB} = \dfrac{h_{往} - h_{返}}{2}$

BM_B 点高程：　　$H_B = H_A + h_{AB}$

高差 h_{AB} 符号，以往测为准。

五、注意事项

1. 前、后视距离应大致相等，以减弱 i 角误差的影响。
2. 前、后视距离不应大于 100 m，特殊困难地区不应大于 150 m，且中丝最小读数不应小于 0.3 m。
3. 在转点立尺时，读完上一测站前视读数后，仪器迁站在下一测站测量工作未结束之前决不能移动尺垫，防止尺子和仪器同步移动。
4. 水准尺要立直，当读数大于 1.5 m 时要采用摇尺法，读取最小读数。
5. 应合理选择测站点和转点。

六、实习报告

1. 记录手簿。

表 2 水准测量记录手簿

日　期：　　　　　　天　气：　　　　　　仪　器：
组　别：　　　　　　观　测：　　　　　　扶　尺：

测　点	水准尺读数		高　差	计算高程	采用高程
	后视	前视			

续表2

日　期：　　　　　　　　天　气：　　　　　　　　仪　器：
组　别：　　　　　　　　观　测：　　　　　　　　扶　尺：

测　点	水准尺读数		高　差	计算高程	采用高程
	后视	前视			
辅助计算					

2．实习小结。

实习小结

3．思考题。

（1）前、后视距离相等可以减弱和消除哪些误差的影响？

（2）什么叫转点？如何选择转点？

（3）如何判断视差存在？如何消除视差？

任务三　闭合水准测量

一、实习目的

掌握闭合水准测量的观测、记录及计算方法。

二、实习内容

已知 BM_A 点高程 H_A = 382.996 m，采用闭合水准测量求 BM_B、BM_C 点的高程。

三、实习分组与仪器工具

每组 3 人，配备 DS_3 型水准仪 1 套，水准尺 2 把、尺垫 2 个，自备铅笔、小刀、指导书。

四、实习方法及步骤

1. 指导教师给定一个已知点和待测点，构成闭合水准路线。
2. 从给定的已知点 BM_A 出发，按照水准测量的方法，测至待测点 BM_B，再由 BM_B 点测至 BM_C 点，最后测回至已知点 BM_A。
3. 每测段外业数据记入表 3，记录格式同实习二。
4. 计算检核。每测段计算检核同实习二，闭合水准路线检核按下式计算：

高差闭合差：　　　$f_h = \sum h_{测}$

容许闭合差：　　　$F_h = \pm 30\sqrt{L}$ mm

闭合水准路线长度 L 为闭合环长度。

若 $f_h \leq F_h$，精度合格；若 $f_h > F_h$，精度不合格，重新测量。

5. 在表 4 内计算改正值及改正后的高程。

改正值：　　　$v_i = -\dfrac{f_h}{\sum L} L_i$

检核：　　　$\sum v_i = -f_h$

改正后高差：　　　$h_i' = h_i + v_i$

检核：　　　$\sum h_i' = 0$

改正后各点高程：$H_{前} = H_{后} + h_i'$

五、注意事项

1. 每个待定点都要作为转点,且其上不能放置尺垫。
2. 每一个测段均应进行往返观测。
3. 注意消除视差的影响。
4. 闭合差调整与待测点高程计算时,每一步都要检核。

六、实习报告

1. 记录手簿。

表3　水准测量记录手簿

日　期:　　　　　　　天　气:　　　　　　　仪　器:
组　别:　　　　　　　观　测:　　　　　　　扶　尺:

测　点	水准尺读数		高　差	计算高程	采用高程
	后　视	前　视			

续表 3

日　期：　　　　　　　　天　气：　　　　　　　　仪　器：
组　别：　　　　　　　　观　测：　　　　　　　　扶　尺：

测　点	水准尺读数		高　差	计算高程	采用高程
	后　视	前　视			
辅助计算					

表 4　水准测量高程计算表

点号	实测高差	水准路线长度	高差改正数	改正后高差	改正后高程	备注

2. 实习小结。

实习小结	

3．思考题。

（1）什么叫闭合水准路线？

（2）简述高差闭合差调整的原则。

任务四　附合水准测量

一、实习目的

1. 进一步练习水准仪的使用。
2. 掌握附合水准测量的观测、记录及计算方法。

二、实习内容

已知 BM_A、BM_B 点高程 $H_A = 382.996$ m、$H_B = 382.712$ m，采用附合水准测量，求 BM_1、BM_2 点的高程。

三、实习分组与仪器工具

每组 3 人，配备 DS_3 水准仪 1 套，水准尺 2 把，尺垫 2 个，自备铅笔、小刀、指导书。

四、实习方法及步骤

1. 指导教师给定一个已知点和待测点，构成附合水准路线。
2. 从给定的已知点 BM_A 出发，按照水准测量的方法，测至待测点 BM_1，再由 BM_1 点测至 BM_2 点，最后附合至已知点 BM_B。
3. 每测段外业数据记入表 5，记录格式同实习二。
4. 计算检核。每测段计算检核同实习二。

高差闭合差：$f_h = \sum h - (H_B - H_A)$

容许闭合差：$F_h = \pm 30\sqrt{L}$　mm

附合水准路线长度 L 为各测段水准路线长度的总和。

若 $f_h \leq F_h$，精度合格；若 $f_h > F_h$，精度不合格，重新测量。

5. 在表 6 内计算改正值及改正后的高程：

改正值：$v_i = -\dfrac{f_h}{\sum L} L_i$

检核：$\sum v_i = -f_h$

改正后高差：$h_i' = h_i + v_i$

检核：$\sum h_i' = H_B - H_A$

改正后各点高程：$H_{前} = H_{后} + h_i'$

五、注意事项

1. 每一个测段均应进行往返观测。
2. 在已知点和待求点上不能放尺垫。
3. 闭合差调整与待测点高程计算时,每一步都要检核。

六、实习报告

1. 记录手簿。

表 5　水准测量记录手簿

日　期:　　　　　　　天　气:　　　　　　　仪　器:
组　别:　　　　　　　观　测:　　　　　　　扶　尺:

测 点	水准尺读数		高　差	计算高程	采用高程
	后视	前视			
辅助计算					

表6 水准测量高程计算表

点号	实测高差	水准路线长度	高差改正数	改正后高差	改正后高程	备注

2. 实习小结。

实习小结	

3. 思考题。

（1）什么叫附合水准路线？

（2）在已知点和待测点上能否放尺垫？

任务五　DS₃型微倾式水准仪的检验与校正

一、实习目的

1. 了解 DS₃型微倾式水准仪轴线之间满足的几何关系。
2. 掌握 DS₃型微倾式水准仪检验的方法。
3. 了解 DS₃型微倾式水准仪校正的方法。

二、实习内容

1. 了解微倾式水准仪各轴线的名称及定义。
2. 按照顺序进行 DS₃型微倾式水准仪的圆水准器、十字丝横丝、管水准器三项常规检验。

三、实习分组与仪器工具

每组 3 人，配备 DS₃型水准仪 1 套，水准尺 2 把，尺垫 2 个，自备铅笔、橡皮、小刀、指导书。

四、实习方法及步骤

1. 指导教师指定场地，讲解注意事项，并示范水准仪检验和校正方法。
2. 一般性检验。
（1）检查三脚架、蝶形螺旋、中心螺旋是否有效。
（2）检查水准仪脚螺旋、水平制动和微动螺旋、目镜和物镜调焦螺旋、微倾螺旋是否有效。
3. 圆水准器的检验。
检验方法：
（1）调节脚螺旋，使圆水准器气泡严格居中。
（2）将仪器旋转 180°，若气泡仍居中，则条件满足，无需校正；否则，需要校正。
校正方法：

（1）在检验的基础上调节脚螺旋，使气泡移动至偏移量的一半。
（2）用拨针拨动圆水准器下面的校正螺旋，使气泡居中。

4. 十字丝横丝的检验。

检验方法：

（1）在墙上找一点 P（或竖一水准尺），使其恰好位于水准仪望远镜十字丝左端的横丝上或读取水准尺读数。

（2）转动微动螺旋，使 P 点位于横丝的右端，观察 P 点是否位于横丝右端上或读数有无变化。若 P 点位于横丝右端上或读数与左端相等说明条件满足，无需校正；否则需要校正。

校正方法：

（1）拧下目镜前面的十字丝护盖，松开十字丝环的压环螺丝。
（2）转动十字丝环，使横丝到达水平位置，拧紧松开的螺丝。

5. 管水准器的检验。

检验方法：

（1）在平坦地面上选取相距约 100 m 的两固定点 A、B，分别竖立水准尺。
（2）在 A、B 两点的中间位置安置水准仪，测出 A、B 两点的高差 h_1。
（3）将仪器搬到距 A 点 2~3 m 处，测出 A、B 两点的高差 h_2。

令 $$\Delta = h_1 - h_2$$

若 $$\Delta \leqslant \pm 20'' \times \frac{D_{AB}}{\rho''}$$

则条件满足，无需校正；否则需要校正。

校正方法：

（1）计算 B 点水准尺的正确读数 b_2。
（2）调节微倾螺旋，使 B 点水准尺的读数为正确读数。
（3）拨动水准管一端的校正螺旋，使水准管气泡居中。

6. 将检验状态填入表 7。

五、注意事项

1. 各项检校顺序不能颠倒。
2. 轴线几何关系误差一般较小，故应仔细检验，以免过大的检验误差掩盖了轴线几何关系误差，导致错误的检验结果，各项检验均应反复进行。
3. 只允许使用专用校正针，校正螺丝应先松后紧，校正完毕后应拧紧校正螺丝。
4. 校正完成后，各校正螺丝应处于旋紧状态。

六、实习报告

1. 记录手簿。

表7 水准仪检验记录手簿

日 期：　　　　　　天　气：　　　　　　仪　器：
组 别：　　　　　　观　测：　　　　　　扶　尺：

顺序	项目	检 验 情 况			
1	一般性检验	检验项目	检验结果		
		三脚架是否牢固			
		脚螺旋是否灵活			
		制动是否有效			
		微动螺旋是否灵活			
		微倾螺旋是否灵活			
		目镜调焦螺旋是否有效			
		物镜调焦螺旋是否有效			
		望远镜成像是否清晰			
2	圆水准器检验	开始整平后圆水准器气泡位置图	仪器转180°后圆水准器气泡位置图		
3	十字丝横丝检验	点在横丝一端位置	点在横丝另一端位置		
4	管水准器检验	仪器位置	项目	第一次	第二次	第三次
		在A、B两点中间	A点尺上读数 a_1			
			B点尺上读数 b_1			
			高 差			
			平均高差 h_1			
		在A点附近	A点尺上读数 a_2			
			B点尺上读数 b_2			
			高 差			
			平均高差 h_2			
		判 断	$\Delta = h_1、h_2$			
			限差 $= 20'' \times \dfrac{D_{AB}}{\rho''}$			

2. 实习小结。

实习小结	

3. 思考题。

（1）简述水准仪轴线之间满足的几何关系。

（2）简述管水准器的检验方法。

任务六　SDL$_{30}$电子水准仪的认识

一、实习目的

1. 了解电子水准仪的原理。
2. 熟悉电子水准仪各部件的名称及其作用。
3. 掌握电子水准仪测高差的操作方法。

二、实习内容

1. 认识电子水准仪各部件名称，并掌握各功能键的作用。
2. 测定两点间高差。

三、实习分组与仪器工具

每组3人，配备电子水准仪1套，条码水准尺1对，尺垫2个，使用说明书1本，自备铅笔、小刀、指导书。

四、实习方法及步骤

1. 指导教师讲解电子水准仪的组成及性能。
2. 指导教师讲解高程测量、高差测量和高差、距离、高程放样功能。
3. 练习各功能键的操作方法。
4. 练习两点间高差的操作方法。
5. 练习高程测量的操作方法。

高差测量操作步骤：

将仪器安置在两点之间，安置仪器方法与自动安平水准仪相同。开机后，选择工作文件—仪器参数设置—测量数据记录方法设置。

1. 按菜单键，用光标键选取"高差测量"，按回车键进入。
2. 屏幕提示后视（BS），瞄准后视尺，调焦后按测量键，屏幕显示观测值。
3. 选取"Yes"按回车键，屏幕显示已储存数据个数和可存储空间数据个数。
4. 屏幕提示前视（FS），瞄准前视尺，调焦后按测量键，屏幕显示两点高差值。

高程测量操作步骤：

1. 按菜单键，用光标键选取"高程测量"，按回车键进入。
2. 屏幕提示输入已知点高程（用向下光标移动键改变光标处的正负号和数值增大，用水平光标键使光标移至未改变的数字上），按回车键，使高程值输入内存。
3. 屏幕提示后视（BS），瞄准后视尺，调焦后按测量键，屏幕显示观测值。
4. 选取"Yes"按回车键，屏幕显示已储存数据个数和可存储空间数据个数。
5. 屏幕提示前视（FS），瞄准前视尺，调焦后按测量键，屏幕显示前视点高程。
6. 按回车键，屏幕提示 Turning Point（是否迁站），选取"Yes"按回车键。
7. 仪器搬至下一站，方法同上。

五、注意事项

1. 应严格按照使用说明书操作。
2. 装卸电池时，必须先关闭电源。
3. 从仪器箱中取出或放回仪器时，应小心谨慎，勿使其受到大的冲击和振动。

六、实习报告

1. 实习小结。

实习小结	

2. 思考题。
电子水准仪有何优点？

任务七　DJ$_6$型经纬仪的认识

一、实习目的

1. 熟悉 DJ$_6$ 型经纬仪各部件的名称、作用及使用方法。
2. 掌握经纬仪的对中、整平及读数方法。

二、实习分组与仪器工具

每组 3 人,配备经纬仪 1 套,自备铅笔、橡皮、小刀、指导书。

三、实习内容

1. 认识经纬仪各部件名称,掌握其作用和使用方法。
2. 练习经纬仪的对中、整平、瞄准及读数方法。

四、实习方法及步骤

1. 指导教师讲解经纬仪的构造、各部件名称及作用,示范经纬仪对中、整平、瞄准、读数的操作,并讲解操作要领。
2. 安置经纬仪。
(1)将三脚架安置于测站点上,目估使架头大致水平,装上仪器,拧紧中心螺旋,且使光学对点器中心圈及影像清晰,然后将一个架腿插入地面固定,用两手握住另两个架腿,并移动这两个架腿,当测站点的中心位于圆圈的边缘处时或居于圆圈中间时,停止移动脚架并将其踩实。
(2)调节脚螺旋,使测站点中心与圆圈中的十字线交点重合。
(3)调节架腿上的蝶形螺旋,伸缩架腿,使圆气泡居中。
(4)调节脚螺旋,使水准管气泡居中(具体操作参照教材)。
(5)平推仪器,使测站点中心与圆圈中心十字线重合。
重复上述步骤,直至水准管气泡在任何位置都居中,且测站点中心与圆圈中心十字线重合为止。
3. 瞄准目标。
(1)调节目镜对光螺旋,使十字丝清晰。
(2)用光学瞄准器粗略瞄准目标,调节物镜对光螺旋,使影像清晰并消除视差,拧紧制动螺旋。

（3）调节微动螺旋，用纵丝精确照准目标（照准目标的方法参照教材）。

4. 读数。调节读数窗目镜对光螺旋及反光镜，使读数窗内影像清晰，根据0指标线在读数窗内读取读数（读数方法参照教材）。

5. 读数记入表8。

五、注意事项

1. 仪器整平误差不得超过1格。
2. 仪器应严格对中。
3. 使用制动螺旋，达到制动目的即可，不可强力过量旋转。
4. 只有将制动螺旋制动后，调节微动螺旋才起作用，微动螺旋不可强力过量旋转。
5. 在操作过程中，动作要放轻、稳、慢。
6. 读数时应注意消除视差的影响。

六、实习报告

1. 记录手簿。

表8 DJ$_6$型经纬仪读数练习记录手簿

目 标	水平度盘读数	竖直度盘读数

2. 实习小结。

实习小结	

3. 思考题。

（1）将经纬仪（DJ$_6$）各部位名称填入下图相应位置。

（2）对中、整平的目的是什么？

（3）简述照准某一目标时，使方向读数为 0°00′00″ 的操作方法。

任务八 测回法测水平角

一、实习目的

掌握测回法测水平角的观测、记录及计算方法。

二、实习内容

1. 练习经纬仪的对中、整平。
2. 练习测回法测水平角的观测方法。
3. 计算水平角，并评定精度。

三、实习分组与仪器工具

每组 3 人，配备经纬仪 1 套，自备铅笔、小刀、指导书。

四、实习方法及步骤

1. 指导教师讲解，并示范测回法测水平角的步骤与要领。
2. 安置仪器于测站点 O 上，并进行对中、整平。
3. 盘左观测。
（1）瞄准 A 目标，读取水平度盘读数 a_1，记入记录手簿。
（2）瞄准 B 目标，读取水平度盘读数 b_1，记入记录手簿。
4. 盘右观测。
（1）倒转望远镜成盘右位置，瞄准 B 目标，读取水平度盘读数 b_2，记入记录手簿。
（2）瞄准 A 目标，读取水平度盘读数 a_2，记入记录手簿。
5. 水平角计算。
半测回角值计算：
$$\beta_{左} = b_1 - a_1$$
$$\beta_{右} = b_2 - a_2$$
检核：$|\beta_{左} - \beta_{右}| \leq 30''$

6. 在表 9 内完成记录、计算平均角值。

$$\beta = \frac{\beta_{左} + \beta_{右}}{2}$$

五、注意事项

1. 盘左、盘右必须瞄准同一个目标。
2. 观测过程中,如果气泡偏离1格以上,应重新观测。
3. 水平度盘为顺时针方向刻画,故计算角值时,应用右方目标的读数减左方目标的读数,不够减出现负角值时,应加上360°。

六、实习报告

1. 记录手簿。

表9　水平角测量记录手簿(测回法)

日　期：　　　　　天　气：　　　　　仪　器：
组　别：　　　　　观　测：　　　　　测　站：

测站	目标	盘位	水平读数	半测回角值	一测回角值	平均角值	备注

2. 实习小结。

实习小结	

3. 思考题。

（1）什么叫水平角？

（2）简述测回法测水平角的步骤。

任务九　DJ_2 型经纬仪的认识

一、实习目的

1. 熟悉 DJ_2 型经纬仪各部件的名称，掌握其使用方法。
2. 掌握 DJ_2 型经纬仪的读数方法。

二、实习内容

1. DJ_2 型经纬仪各部件名称、作用及使用方法。
2. DJ_2 型经纬仪的对中、整平及读数。

三、实习分组与仪器工具

每组 3 人，配备经纬仪 1 套，自备铅笔、小刀、指导书。

四、实习方法及步骤

1. 指导教师讲解经纬仪的构造、各部件作用及读数方法。
2. 安置经纬仪（同 DJ_6 型经纬仪）。
3. 照准目标（同 DJ_6 型经纬仪）。
4. 读数。
（1）转动换像手轮，使度盘的影像为所需度盘的影像。
（2）转动测微器，使度盘对径分划线符合。
（3）调节读数窗目镜对光螺旋及反光镜，使读数窗内影像清晰，根据读数窗内度盘的影像读取读数（读数方法参照教材）。
5. 读数填入表 10。

五、注意事项

1. 必须分清读数窗内度盘的影像是水平度盘还是竖直度盘。
2. 只有对径分划线符合后才能读数。

六、实习报告

1. 记录手簿。

表10　DJ$_2$型经纬仪读数练习记录手簿

目　标	水平度盘读数	竖直度盘读数

2. 实习小结。

实习小结	

3. 思考题。

（1）将经纬仪（DJ$_2$）各部位名称填入下图相应位置。

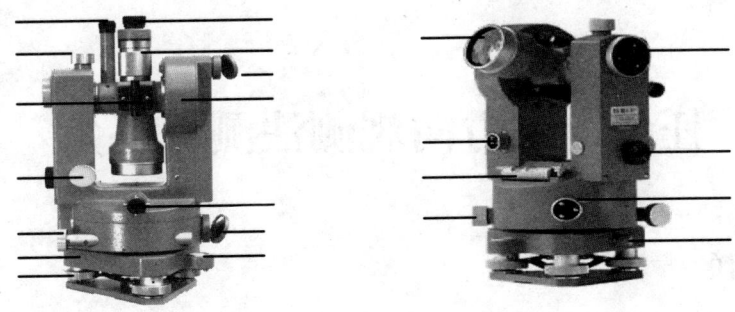

（2）试说明 DJ_2 型经纬仪和 DJ_6 型经纬仪有何区别。

任务十 方向观测法测水平角

一、实习目的

掌握方向观测法测水平角的观测、记录及计算方法。

二、实习内容

1. 练习经纬仪的对中、整平。
2. 练习方向观测法测水平角的方法。

三、实习分组与仪器工具

每组 3 人，配备经纬仪 1 套，自备铅笔、小刀、指导书。

四、实习方法及步骤

1. 指导教师讲解，并示范方向观测法测水平角的步骤和注意事项。
2. 按指导教师指定的测站和目标进行观测。
3. 安置经纬仪。
4. 盘左观测。

（1）瞄准起始方向 A 点，且使水平度盘读数略大于 0°00′00″，调节测微器，使对径分划线符合，读取水平度盘读数，并记入记录手簿。

（2）顺时针方向转动照准部，依次瞄准 B、C、D、E 各点，读取水平度盘读数，并记入记录手簿。

（3）再次瞄准 A 点，读取水平度盘读数，并记入记录手簿。

5. 盘右观测。

（1）倒转望远镜变成盘右位置，瞄准 A 点，读取水平度盘读数，并记入记录手簿。

（2）逆时针方向转动照准部，依次瞄准 E、D、C、B 各点，读取水平度盘读数，记入记录手簿。

（3）再次瞄准 A 点，读取水平度盘读数，并记入记录手簿。

重复上述步骤，完成多个测回的观测。为了减弱度盘的刻画误差，各测回间应按 $\dfrac{180°}{n}$ 变换度盘位置。

6. 计算检核。

（1）测微器重合读数之差。

（2）半测回归零差。

（3）同一方向上 $2c$ 误差：$2c$ = 盘左读数 − (盘右读数 ± 180°)

（4）一个测回各方向的正倒镜平均读数：

$$平均读数 = [盘左读数 + (盘右读数 \pm 180°)]/2$$

（5）归零后方向值：各方向平均读数减起始方向平均读数。

7. 限差要求。方向观测法的限差见表 11 所示。

表 11　方向观测法的限差

等　　级	仪器型号	光学测微器两次重合读数之差	半测回归零差	一测回中 $2c$ 值变动范围	同一方向值各测回较差
四等及以上	DJ_1	1″	6″	9″	6″
	DJ_2	3″	8″	13″	10″
一级及以下	DJ_2		12″	18″	12″
	DJ_6		18″		24″

8. 在表 12 内完成记录、计算各测回归零方向值。

五、注意事项

1. 测微器对径分划应严格符合。
2. 盘左按顺时针方向旋转依次瞄准目标读数，盘右按逆时针方向旋转依次瞄准目标读数。
3. 半个测回观测，应做归零观测。
4. 各测回盘左照准起始方向目标时，应按规定配置水平度盘读数。

六、实习报告

1. 记录手簿。

表 12　水平角测量记录手簿（方向观测法）

日　期：　　　　　　　　天　气：　　　　　　　　仪　器：
组　别：　　　　　　　　观　测：　　　　　　　　测　站：

测回数	目标	度盘读数 I (° ′ ″)	II (″)	$\dfrac{I+II}{2}$ (″)	$2c$ (″)	盘左盘右平均值 (″)	起始方向值 (° ′ ″)	各测回归零方向值 (° ′ ″)	备注
1	2	3	4	5	6	7	8	9	10

续表 12

日　期：　　　　　　　　　天　气：　　　　　　　　　仪　器：
组　别：　　　　　　　　　观　测：　　　　　　　　　测　站：

测回数	目标	度盘读数		$\dfrac{I+II}{2}$ (″)	2c (″)	盘左盘右平均值 (° ′ ″)	起始方向值 (° ′ ″)	各测回归零方向值 (° ′ ″)	备注
		I (° ′ ″)	II (″)						
1	2	3	4	5	6	7	8	9	10

2. 实习小结。

实习小结	

3. 思考题。
（1）半个测回间，为何做归零观测？

（2）每测回观测中，起始方向度盘配置的目的是什么？

任务十一　竖直角测量

一、实习目的

1. 了解竖直度盘的构造及注记方式。
2. 掌握竖直角测量的观测、记录及计算方法。

二、实习内容

练习竖直角观测、记录、计算。

三、实习分组与仪器工具

每组 3 人，配备光学经纬仪 1 套，自备铅笔、小刀、指导书。

四、实习方法及步骤

1. 指导教师讲解竖直角测量的观测、记录、计算方法。
2. 在测站点 O 上安置经纬仪。
3. 判断竖直度盘注记方式，确定计算公式。
4. 选择一个仰角目标和一个俯角目标进行观测，并计算竖直角值。
5. 竖直角测量。

（1）盘左观测：用十字丝横丝瞄准目标点 A，打开竖盘指标自动归零装置，读取竖盘读数 L，记入记录手簿。

（2）盘右观测：纵转望远镜变成盘右位置，用十字丝横丝瞄准目标点 A，读取竖盘读数 R，记入记录手簿。

（3）竖直角计算（以顺时针注记为例）。

指标差：　$x = (L+R) - 180°$
竖直角：　$\alpha_L = 90° - L$
　　　　　$\alpha_R = R - 270°$
　　　　　$\alpha = \dfrac{\alpha_L + \alpha_R}{2} = \dfrac{1}{2}(R - L - 180°)$

6. 在表 13 中完成记录、计算竖直角和指标差。

五、注意事项

1. 用十字丝横丝瞄准目标。
2. 读取竖盘读数时,应打开竖盘指标自动归零装置,当观测完毕后应关闭,以防损坏。

六、实习报告

1. 记录手簿。

表 13　竖直角测量记录手簿

日　期:　　　　　　天　气:　　　　　　　　　仪　器:
组　别:　　　　　　观　测:　　　　　　　　　测　站:

测站	目标	竖盘位置	竖盘读数 (° ′ ″)	半测回竖直角 (° ′ ″)	一测回竖直角 (° ′ ″)	指标差
		左				
		右				
		左				
		右				
		左				
		右				

2. 实习小结。

实习小结	

3. 思考题。
(1) 什么叫竖盘指标差?

(2) 写出全圆逆时针方向竖直角计算公式?

任务十二　经纬仪的检验与校正

一、实习目的

1. 掌握经纬仪各轴线间应满足的几何关系。
2. 掌握经纬仪的检验方法。
3. 了解经纬仪的校正方法。

二、实习内容

经纬仪的常规检验、校正按以下顺序进行：
1. 照准部水准管轴垂直于竖轴的检验，（$LL \perp VV$）。
2. 十字丝竖丝垂直于横轴的检验，（竖丝$\perp HH$）。
3. 视准轴垂直于横轴的检验，（$CC \perp HH$）。
4. 横轴垂直于竖轴的检验，（$HH \perp VV$）。
5. 竖盘指标差的检验。
6. 光学对中器的检验。

三、实习分组与仪器工具

每组3人，配备光学经纬仪1套，自备铅笔、橡皮、小刀、指导书。

四、实习方法及步骤

1. 指导教师讲解各轴线概念，实地讲解检验方法。
2. 水准管轴垂直于仪器竖轴的检验与校正。

检验方法：
（1）调节脚螺旋，使水准管气泡严格居中。
（2）将照准部旋转180°看气泡是否仍居中，如果居中或气泡偏差不大于1/2格，说明条件满足，无需校正；否则需校正。

校正方法：
（1）在检验的基础上调节脚螺旋，使气泡移动偏移量的一半。
（2）用拨针拨动水准管一端的校正螺旋，使气泡居中。
此项检验和校正需反复进行，直到气泡在任何方向偏离值在1/2格以内。

3. 十字丝竖丝垂直于横轴的检验与校正。

检验方法：

（1）精确整平仪器，用竖丝的一端瞄准一个固定点 P，旋紧水平制动螺旋和竖直制动螺旋。

（2）转动望远镜微动螺旋，观察 P 点所走过的轨迹是否始终在竖丝上移动，若始终在竖丝上移动，说明条件满足，无需校正，否则应校正。

校正方法：

（1）拧下目镜前面的十字丝护盖，松开十字丝环的压环螺丝。

（2）转动十字丝环，使竖丝到达竖直位置，拧紧松开的螺丝。

4. 视准轴垂直于横轴的检验与校正。

检验方法：

（1）安置仪器，盘左瞄准远处与仪器大致同高的一点 A，读水平度盘读数为 b_1。

（2）倒转望远镜成盘右位置，瞄准 A 点，读水平度盘读数为 b_2。

（3）若 $b_1 - b_2 = \pm 180°$ 则条件满足，无需校正，否则需要校正。

校正方法：

（1）转动水平微动螺旋，使度盘读数对准正确的读数：

$$b = \frac{1}{2}[b_1 + (b_2 \pm 180°)]$$

（2）用拨针拨动十字丝环左右校正螺丝，使十字丝竖丝瞄准 A 点。

5. 横轴垂直于竖轴的检验与校正。

检验方法：

（1）在离墙约 30 m 处安置仪器，以盘左位置瞄准墙面高处的一点 M（其仰角大约 30°）固定照准部，然后放平望远镜（通过度盘读数）在墙面上定出十字丝交点 m_1。

（2）盘右位置瞄准 M 点，放平望远镜，在墙面上定出十字丝交点 m_2，如果 m_1 点和 m_2 点重合，说明条件满足，无需校正；否则需要校正。

光学经纬仪的横轴大都是密封的，若需要校正需由专门检定机构进行。

6. 竖盘指标差的检验与校正。

检验方法：

（1）将经纬仪安置在测站点 O。

（2）盘左瞄准 A 目标，读取竖盘读数为 L，并计算竖直角 α_L。

（3）盘右瞄准 A 目标，读取竖盘读数为 R，并计算竖直角 α_R。

若 $\alpha_L = \alpha_R$ 无需校正；否则需要进行校正。此项校正应由仪器检修人员进行。

7. 光学对中器的检验与校正。

检验方法：

（1）严格整平仪器，在脚架的中央地面上放置一张白纸，在白纸上画一十字形的标志 a_1。

（2）移动白纸，使对中器视场中的小圆圈对准标志 a_1。

（3）将照准部在水平方向转动 180°。

（4）若小圆圈中心仍对准标志 a_1，说明条件满足，无需校正；如果小圆圈中心偏离标志，而得另一点 a_2，则说明不满足条件，则需要校正。

校正方法：

定出 a_1、a_2 两点的中心 a，用拨针拨对中器的校正螺丝，使小圆圈中心对准 a 点，这项校正一般由仪器检修人员进行。

8. 将检验状态填入表 14。

五、注意事项

1. 上述各项检校的顺序不能颠倒。
2. 校正螺丝应先松后紧，校正完毕后应拧紧校正螺丝。

六、实习报告

1. 记录手簿。

表 14　经纬仪检验记录手簿

顺序	项　目	检　验　情　况			
1	水准管 （$LL \perp VV$）	第一次偏向_____镜_____格 第二次偏向_____镜_____格 第三次偏向_____镜_____格			
2	十字丝 （竖丝$\perp HH$）	检验时望远镜视场图			
		点在竖丝一端位置图		点在竖丝另一端位置图	
		⊕		⊕	
3	视准轴 （$CC \perp HH$）	次序	竖盘位置	水平盘读数 （°　′　″）	$2c$ (″)
		1			
		2			
		3			
4	横轴 （$HH \perp VV$）	第一次 $m_1m_2=$ _____ mm 第二次 $m_1m_2=$ _____ mm 第三次 $m_1m_2=$ _____ mm			

续表 14

顺序	项目			检 验 情 况					
		检验次数	测站	目标	竖盘位置	竖盘读数（°′″）	半测回竖直角（°′″）	一测回竖直角（°′″）	指标差″
5	竖盘指标差的检验	第一次							
		第二次							
		第三次							
6	光学对中器的检验			第一次 ⊕		第二次 ⊕		第三次 ⊕	

2. 实习小结。

实习小结	

3. 思考题。

简述经纬仪轴线间应满足的几何关系。

任务十三　钢尺普通量距

一、实习目的

掌握钢尺普通量距的方法。

二、实习内容

在平坦地段，采用钢尺普通量距方法测 A、B 两点间的水平距离。

三、实习分组与仪器工具

每组 4 人，配备经纬仪 1 套，钢尺 1 把，锤球 2 个，测钎 1 组，自备铅笔、小刀、指导书。

四、实习方法及步骤

1. 指导教师指定场地和直线的两个端点 A、B。
2. 指导教师讲解，并示范钢尺普通量距的方法和要领。
3. 直线定线。
（1）在 A 点安置经纬仪，瞄准 B 点，确定直线方向。
（2）后链拉着钢尺起始端，站在 A 点旁边，前链拉着钢尺沿 AB 方向前行，走到大约一整尺段的地方停下，由观测者指挥定线，确定分段点 1，并斜插一测钎。
4. 量距。后链和前链分别在 A 点和 1 点吊垂线，让钢尺刻画边沿贴近锤球线，沿 $A1$ 方向将钢尺抬平，拉直，前、后链同时在尺上读取相应读数，记入记录手簿，用前、后链读数相减求出尺段长，同法丈量其他各段，一直到 B 点，将各段距离相加得 AB 间水平距离。

以上观测称之为往测，为了提高测量精度，再由 B 点逐段测回至 A 点，称之为返测。

5. 结果处理与评定精度。

较差*　　　　$\Delta D = |D_{往} - D_{返}|$

相对误差：　$K = \dfrac{\Delta D}{D_{平}} = \dfrac{1}{N}$

一般情况下，普通量距要求相对误差 $K \leqslant 2\,000$，如果超限应重新丈量。若相对误差在规定范围内，可取往返观测平均值作为最后观测结果。

---

* 往返测量距离差在测量中一般称为较差。

即 $$D_{AB} = D_{平} = \frac{D_{往} + D_{返}}{2}$$

6. 在表 15 内完成记录、评定精度及进行观测成果计算。

五、注意事项

1. 使用钢尺时，不得在地面上拖拉，不得扭折、碾压和踩踏钢尺。
2. 不能将钢尺全部拉出尺架，以免拉断尺跟。
3. 钢尺用完后应擦拭干净以防生锈。
4. 注意定线、前尺、后尺等操作人员的互相配合。

六、实习报告

1. 记录手簿。

表 15　钢尺普通量距记录手簿

日　期：　　　　天　气：　　　　仪　器：　　　　组　别：
观　测：　　　　前　链：　　　　后　链：　　　　记　录：

测段	往/返	尺段丈量长度（m）			合计	较差	平均	相对误差
	往							
	返							
	往							
	返							
	往							
	返							

2. 实习小结。

实习小结	

3. 思考题。
（1）简述经纬仪直线定线的方法。

（2）简述钢尺普通量距操作时的注意事项。

任务十四　视距法测量

一、实习目的

1. 了解视距测量的原理。
2. 掌握视距测量的方法。

二、实习内容

采用视距测量的方法测定两点间的距离及高差。

三、实习分组与仪器工具

每组 3 人，配备经纬仪 1 套，水准尺 1 把，自备铅笔、小刀、指导书。

四、实习方法及步骤

1. 在测站点 O 上安置经纬仪，量取仪器高、目标高，并测定竖盘指标差。
2. 瞄准水准尺，读取上丝、下丝、中丝读数和竖盘读数，记入记录手簿。
3. 计算高差及距离

$$h = \frac{1}{2}KL\sin 2\alpha + i - v$$
$$D = KL\cos^2\alpha$$

4. 观测数据记入表 16。

五、注意事项

1. 读取竖盘读数时，应打开竖盘自动归零装置。
2. 水准尺应扶直。

六、实习报告

1. 记录手簿。

表16 视距测量记录手簿

日　期：　　　　　　天　气：　　　　　　　　仪　器：
组　别：　　　　　　观　测：　　　　　　　　扶　尺：

测站	测点	视距读数		中丝v (m)	竖盘读数 (°′″)	水平距离 (m)	高差 (m)	仪器高 (m)	目标高 (m)	备注
		上丝 (m)	下丝 (m)							

2. 实习小结。

实习小结	

3. 思考题。

（1）简述视距测量的优缺点。

（2）写出视距测量的计算公式。

任务十五　全站仪的认识与使用

一、实习目的

1. 了解全站仪的构造和原理。
2. 掌握全站仪角度测量、距离测量、坐标测量。

二、实习内容

角度测量、距离测量及坐标测量。

三、实习分组与仪器工具

每组 3 人，配备全站仪 1 套，棱镜架 2 付，棱镜 2 个，说明书一本，自备铅笔、小刀、指导书。

四、实习方法及步骤

在教师指导下，参照说明书与教材边讲边练习。
1. 认识操作面板软键、功能键的作用。
2. 练习参数设置，输入已知数据、选择文件。
3. 练习水平距离测量。
4. 练习角度测量。
5. 练习坐标测量。
6. 观测数据记入表 17。

五、注意事项

1. 使用前应仔细阅读使用说明书，以及教材有关章节的注意事项。
2. 架设仪器时务必旋紧三脚架的蝶形螺丝和中心螺旋，以防三脚架滑倒跌落仪器。
3. 严格按照要求装卸电池，取下电池前应先关闭电源。
4. 不得用激光束射向他人，当测距完成时应确认关闭激光功能，仪器迁站时必须将仪器从三脚架上取下并装箱。

六、实习报告

1. 记录手簿。

表17 全站仪测量记录手簿

日　　期：　　　　　　天　气：　　　　　　　仪　器：
组　　别：　　　　　　观　测：　　　　　　　记　录：

		第一次		第二次		备注
水平角测量	起边读数			起边读数		
	终边读数			终边读数		
	水 平 角			水 平 角		
		第一次		第二次		
水平距离测量	读数1			读数1		
	读数2			读数2		
	读数3			读数3		
	平均			平均		
坐标测量	仪器高		棱镜高		后视方向	
	测站点1			待求点2		
	x_1			x_2		
	y_1			y_2		
	z_1			z_2		

2. 实习小结。

实习小结	

3. 思考题。

全站仪和常规仪器相比较有哪些优点？

任务十六　闭合导线测量

一、实习目的

掌握闭合导线测量的观测、记录及计算方法。

二、实习内容

1. 导线选点、角度测量、边长测量、导线点高程测量。
2. 导线的内业计算。

三、实习分组与仪器工具

每组 3 人，配备全站仪 1 套，带脚架棱镜 2 个，说明书一本，自备铅笔、小刀、指导书。

四、实习方法及步骤

1. 指导教师指定场地选点，并讲解导线测量记录、技术要求、注意事项。
2. 选点。在实习场地，选定 A、B、C、D 4 个导线点，按顺时针编号，组成闭合导线，其中 $x_A = 325.178$ m、$y_A = 645.756$ m、$\alpha_{AB} = 15°21'35''$。
3. 边长测量。采用全站仪测量每条边的边长，要求对向观测，其相对精度不得低于 1/2 000。
4. 转折角测量。角度测量采用测回法观测 2~3 个测回，其上、下半测回角值较差不得大于 30''。
5. 导线点高程测量。
（1）按指导教师指定的起始水准点，经过各导线点，再回到起始点，构成闭合水准路线。
（2）采用三角高程测量方法观测相邻导线点间高差，要求对向观测。
6. 坐标计算。根据已知点的坐标、已知边的坐标方位角以及观测的角度、距离推算其他各点的坐标。
7. 在表 18 内记录观测数据，在表 19 内计算导线点坐标，在表 20 内计算导线点高程。

五、注意事项

1. 闭合导线应观测其内角。
2. 认真地检查、复核外业观测数据，确认正确无误后进行结果检核。

3. 全站仪操作时,在指导教师的指导下,要按说明书的正确操作方法进行。
4. 仪器迁站时,应关闭电源,装箱搬运。

六、实习报告

1. 记录手簿。

表 18　全站仪光电导线外业测量记录手簿

组　别:　　　　　日　期:　　　　　天　气:　　　　　观　测:
计　算:　　　　　棱　镜:　　　　　温　度:　　　　　气　压:

置镜点	观测点	水平距离（m）	水平角（°′″）	高差（m）		较差（mm）	高差平均值（m）
				往测	返测		

表 19　导线坐标计算表

测点	角度观测值（°′″）	改正后角值（°′″）	方位角（°′″）	边长	坐标增量		改正后坐标增量		坐标	
					Δx	Δy	Δx	Δy	x	y
1	2	3	4	5	6	7	8	9	10	11

续表 19

测点	角度观测值 (° ′ ″)	改正后角值 (° ′ ″)	方位角 (° ′ ″)	边长	坐标增量		改正后坐标增量		坐标	
					Δx	Δy	Δx	Δy	x	y
Σ										

$\Sigma \beta_{测} = $ $f_x = $ $f_y = $

$\Sigma \beta_{理} = $ $f_{\beta 限} = $ $f = \sqrt{f_x^2 + f_y^2} = $

$f_\beta = $ $v_\beta = $ $K = \dfrac{f}{\sum d} = \dfrac{1}{(\sum d)/f} = $

表 20   导线点高程计算表

点号	实测高差	水准路线长度	高差改正数	改正后高差	改正后高程	备注

2. 实习小结。

实习小结	

3. 思考题。

（1）导线测量的外业工作包括哪几项？

（2）简述闭合导线的内业计算步骤。

任务十七 四等水准测量

一、实习目的

掌握四等水准测量的观测、记录、计算方法。

二、实习内容

已知 BM_A、BM_B 的高程，采用四等水准测量的方法，求待测点的高程。

三、实习分组与仪器工具

每组 3 人，配备 DS_3 型水准仪 1 套，双面水准尺 1 对，尺垫 2 个，自备铅笔、小刀、指导书。

四、实习方法及步骤

1. 观测前，指导教师讲解水准尺的分划注记，观测顺序、技术指标要求。
2. 指导教师给定已知高程点和待测点，构成附合水准路线。
3. 观测与记录。
（1）照准后视水准尺黑面，读取下、上、中三丝读数，记入记录手簿的（1）、（2）、（3）栏。
（2）将水准尺翻转为红面，后视水准尺红面，读取中丝读数，记入记录手簿的（8）栏。
（3）前视水准尺的黑面，读取下、上、中三丝读数，记入记录手簿的（4）、（5）、（6）栏。
（4）将水准尺翻转为红面，前视水准尺红面，读取中丝读数，记入记录手簿的（7）栏。
4. 计算检核。
（1）测站上的计算校核。
① 视距计算。
后视距离：　（15）= 100 ×[（1）-（2）]
前视距离：　（16）= 100 ×[（4）-（5）]
前后视距差：（17）=（15）-（16），前后视距差不超过 5 m。
前后视距累计差（18）= 上一测站（18）+ 本测站（17），前后视距累计差不超过 10 m。

② 同一水准尺黑、红面读数差计算（$K_7 = 4.687$、$K_8 = 4.787$）

$$(10) = (3) + K - (8)$$
$$(9) = (6) + K - (7)$$

同一水准尺黑、红面读数差不超过 3 mm。

③ 高差计算检核。

黑面高差： $(11) = (3) - (6)$

红面高差： $(12) = (8) - (7)$

黑、红面所得高差之差检核计算：

$$(13) = (11) - (12) \pm 0.100 = (10) - (9)$$

式中，± 0.100 为两水准尺常数 K 之差。黑、红面所得高差之差不超过 5 mm。

平均高差： $(14) = [(11) + (12) \pm 0.100]/2$

（2）水准路线的计算校核。

① 总视距计算。

末站视距累积差： $(18) = \sum(15) - \sum(16)$

总的视距长： $L = \sum(15) + \sum(16)$

② 总高差的计算。

当测站数为偶数时：

总高差： $\sum(14) = \left\{ \sum(11) + \sum[(12) \pm 0.100] \right\}/2$

当测站数为奇数时：

总高差： $\sum(14) = [\sum(11) + \sum(12)]/2$

③ 高差闭合差及容许闭合差的计算。

高差闭合差： $f_h = \sum(14)$

允许闭合差： $F_h = \pm 20\sqrt{L}$

④ 计算待定点的高程： $H_前 = H_后 + h$

5. 在表 21 内进行记录、计算检核，在表 22 内求算待测点高程。

五、注意事项

1. 一个测站观测完毕，应马上计算，只有各项限差符合要求后，才能进行下一个测站的观测。

2. 双面水准尺的尺常数应记清，其中一根为 4.687，另一根为 4.787，迁站时，应注意两根尺的顺序不能颠倒。

3. 四等水准测量的观测顺序为后—后—前—前。

六、实习报告

1. 记录手簿。

表21 四等水准测量记录手簿

日　期：　　　　　　天　气：　　　　　　仪　器：
组　别：　　　　　　观　测：　　　　　　扶　尺：

测点编号	后尺 下丝 / 上丝 / 后距 / 视距差	前尺 下丝 / 上丝 / 前距 / 累加差	方向及尺号	标尺读数 黑面(m)	标尺读数 红面(m)	$K+$黑减红(mm)	高差中数(m)	备注
	(1)	(4)	后尺1#	(3)	(8)	(10)		
	(2)	(5)	前尺2#	(6)	(7)	(9)	(14)	
	(15)	(16)	后-前	(11)	(12)	(13)		
	(17)	(18)						
								尺1# 的 $K=$
								尺2# 的 $K=$
辅助计算								

表 22　水准测量高程计算表

点号	实测高差 (m)	水准路线长度 (km)	高差改正数 (mm)	改正后高差 (m)	调整后高程 (m)	备注
1	2	3	4	5	6	

2. 实习小结。

实习小结	

3. 思考题。

（1）四等水准测量一个测站应观测哪些数据？

（2）四等水准测量有哪些限差规定？

任务十八　碎部点测量（经纬仪视距法）

一、实习目的

1. 掌握选取地物、地貌特征点的方法。
2. 掌握一个测站用经纬仪视距法测地形的方法。

二、实习内容

1. 采用经纬仪视距法，练习在一个测站施测周围地物和地貌特征点的方法。
2. 根据地物特征点勾绘地物轮廓，根据地貌特征点用内插法勾绘等高线，等高距为 2 m。
3. 绘制比例尺为 1∶1 000 的地形图。

三、实习分组与仪器工具

每组 5 人，配备经纬仪 1 套，小钢尺 1 把，绘图板 1 个，半圆仪 1 个，自备铅笔、橡皮、小刀、绘图纸、透明胶带、计算器、大头针、指导书。

四、实习方法及步骤

1. 指导教师讲解在一个测站用经纬仪视距法测地形的工作程序及特征点选择方法。
2. 在实习场地选择 A、B 两点，A 点作为测站点，B 点作为定向点。将经纬仪安置在测站点 A，测定仪器指标差 x，并用小钢尺量取仪器高。
3. 用盘左照准 B 点（后视点）作为起始方向，使水平度盘读数为 0°00′00″，绘图板安置在测站旁边，使图纸上 AB 的方向与地面上 AB 方向一致，用小针将量角器的圆心固定在 A 点。
4. 转动照准部，用十字丝瞄准地形特征点上的水准尺上的"仪器高"分划处的标志，读取水平度盘读数、上丝、下丝和中丝读数，打开竖盘自动归零装置开关，读取竖直度盘读数，（度盘读数都读至"″"）。同法观测其他各点。
5. 将观测数据记入记录手簿，根据观测数据，按视距测量公式计算测站点到碎部点的水平距离和高程。
6. 根据水平角和水平距离展绘地形点的平面位置，并在其旁标注高程。
7. 根据地形特征点绘制地物轮廓线、等高线。
8. 在表 23 内完成记录、计算。

五、注意事项

1. 一个测站观测完毕后，必须重新瞄准后视点，以检查读数，后视方向读数误差不大于 ±4′。
2. 边测边绘、并作点之记。

六、实习报告

1. 记录手簿。

表 23　碎部点测量记录手簿

日　期：　　　　　天　气：　　　　　仪　器：　　　　　组　别：
观　测：　　　　　记　录：　　　　　测　站：　　　　　仪　高：

测点	水平读数	竖盘读数	标尺读数		目标高	水平距离	高差	高程	备注
			中丝	下丝					
				上丝					

2. 实习小结

实习小结	

3. 思考题。

（1）试述本次实习有哪些地物、地貌特征点。

（2）若用全站仪采集数据，工作程序有哪些？

任务十九 测设的基本工作

一、实习目的

掌握已知水平距离、已知水平角、已知高程的测设方法。

二、实习内容

1. 已知水平距离的测设。
2. 已知水平角的测设。
3. 已知高程的测设。

三、实习分组与仪器工具

每组 6 人，配备经纬仪、水准仪各 1 套，钢尺 1 把，斧头 1 个，测钎 1 组，木桩若干，锤球 2 个，自备铅笔、橡皮、小刀、计算器。

四、实习方法及步骤

1. 测设已知水平距离。
（1）选点：在实习场地选定 A、B 两点，设计 C 点在 A、B 点之间，且 AC = 45.12 m。
（2）标定 AB 方向：将经纬仪安置在 A 点，瞄准 B 点，标出 AB 方向。
（3）测设已知水平距离：从 A 点沿 AB 方向用钢尺量水平距离 45.12 m，打木桩、标出 C_1，同法标出 C_2，当两次标定位置之差与测设距离之比的相对误差在允许范围内时，取 C_1、C_2 分中点为最终测设的 C 点。

2. 测设已知水平角。
（1）在实习场地选定角顶点 O 及 OA 方向，设计 $\angle AOB = \beta = 45°12'34''$。
（2）将经纬仪安置在角顶点 O，以盘左位置瞄准 A 点，读取水平度盘读数（此时亦可使度盘读数为 $0°00'00''$）。
（3）松开水平制动螺旋，旋转照准部，当水平度盘读数为 $45°12'34''$ 时，在视线方向上打桩定出 B_1 点。
（4）倒转望远镜变成盘右位置，以同上方法测设 β 角，定出 B_2 点，取 B_1、B_2 分中点 B，则 $\angle AOB$ 即为所要测设的角 β。

3. 测设已知高程点。
（1）选点：在实习场地选定 BM_A、B 两点，已知水准点 BM_A 的高程为 H_A = 116.347 m，

设计 B 点高程 $H_B = 115.236$ m。

（2）计算水准仪视线高程：在 BM_A 点和 B 点之间安置水准仪，读取 BM_A 点上水准尺的读数为 a，则：

$$H_i = H_A + a$$

（3）计算前视水准尺尺底为设计高程时的水准尺读数

$$b = H_i - H_B$$

（4）确定测设点的准确位置：前视尺紧贴木桩，上下慢慢移动，当前视读数为 b 时，则尺底位置，即为要测设高程点的位置。

4. 按表24要求填入测设结果，并绘图标注。

五、注意事项

（1）钢尺拉力要均匀，尽量接近标准拉力。
（2）计算一定要核对，以免出错。

六、实习报告

1. 记录手簿。

表24 基本测设工作实测资料表

水平距离测设	较差 $C_1C_2 =$	
水平角测设	较差 $B_1B_2 =$	
高程测设	BM_A 点高程 $H_A =$	
	BM_B 点高程 $H_B =$	
	后视读数 $a =$	
	视线高 $H_i =$	
	前视读数 $b =$	

2. 实习小结。

实习小结	

3. 思考题。

（1）试说明测设已知高程的标注位置比桩顶高时，如何标注。

（2）试说明测设距离的一般方法和精密方法有何区别。

任务二十 点的平面位置的测设

一、实习目的

掌握极坐标法测设点的平面位置的方法。

二、实习内容

根据已知控制点 A、B 两点,采用极坐标法测设建筑物的角点 P。

三、实习分组与仪器工具

每组 4 人,配备经纬仪 1 套,钢尺 1 把,锤球 2 个,测钎 1 组,自备铅笔、橡皮、小刀、计算器、指导书。

四、实习方法及步骤

1. 指导教师讲解极坐标法测设点位的步骤和注意事项。
2. 计算放样元素。

坐标方位角:

$$\tan\alpha_{AB} = \frac{y_B - y_A}{x_B - x_A} = \frac{\Delta y_{AB}}{\Delta x_{AB}}$$

$$\tan\alpha_{AP} = \frac{y_P - y_A}{x_P - x_A} = \frac{\Delta y_{AP}}{\Delta x_{AP}}$$

两方位角之差即夹角 β:

$$\beta = \alpha_{AP} - \alpha_{AB}$$

两点间的距离 D_{AP} 为:

$$D_{AP} = \sqrt{(x_P - x_A)^2 + (y_P - y_A)^2}$$

3. 放样 P 点。

(1)将经纬仪安置于控制点 A,瞄准 B 点,使水平度盘读数为 $0°00'00''$。

(2)松开水平制动螺旋拨 β 角值,沿视线方向用钢尺丈量距离 D_{AP},定出 P 点在地面上的位置。

4. 将测设数据填入表25。

五、注意事项

1. 应注意坐标增量的正负号。
2. 拨角时应注意度盘的读数。

六、实习报告

1. 记录手簿。

表25　测设点位记录手簿

		备　　注
x_A = 45.08 m	$α_{AP}$ =	
y_A = 35.64 m	$α_{AB}$ =	
x_B = 90.54 m	$β$ =	
y_B = 96.04 m	D_{AP} =	
x_P = 40.85 m		
y_P = 60.23 m		

2. 实习小结。

实习小结	

3. 思考题。

（1）如何检查已测设点的点位误差？

（2）简述极坐标法测设点位的方法。

任务二十一　根据已有建筑物进行建筑物定位

一、实习目的

掌握依据已有建筑物进行建筑物角桩测设的方法。

二、实习内容

根据已有建筑与待建房屋的平面位置关系图，测设出待建房屋的四个角桩 A、B、C、D 四点。

三、实习分组与仪器工具

每组 4~5 人，配备 DJ_2 型经纬仪 1 套，木桩 2 个，30 m 钢尺 1 把，小钉若干，自备铅笔、橡皮、小刀、计算器。

四、实习方法及步骤

1. 如下图所示，从实验楼东、西墙延伸出一小段距离 d = 2.5 m，分别定出 a、b 两点、（钢尺延伸至端墙内 3~4 m）。
2. 将经纬仪置于 a 点照准 b 点，从 b 点沿视线方向量取 15.24 m，定点为 m 点。继续向前量 30.00 m 定点 n 点。
3. 将经纬仪置于 m 点，瞄准 a 点，用正倒镜分中的方法测设 90°角，沿视线方向量取 d + 0.24 m 得 A 点，从 A 点继续量取 12.00 m 得 D 点。
4. 将经纬仪置于 n 点，瞄准 a 点，用正倒镜分中的方法测设 90°角，沿视线方向量取 d + 0.24 m 得 B 点，从 B 点继续量取 12.00 m 得 C 点。
5. 用经纬仪观测四个角各两个测回，取平均值（理论值为 90°），其角度误差应小于 ±40″。
6. 丈量 AB、CD 的距离，相对误差（与设计长度的相对误差）应小于 1/2 000。
7. 在表 26 内记入放样数据。

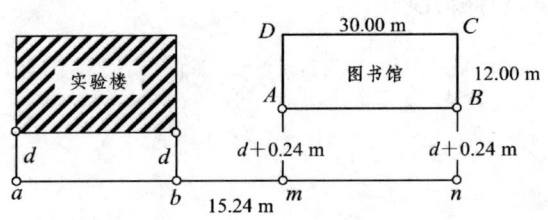

五、注意事项

1. 用钢尺延长 d 值时，钢尺应紧贴墙面目的是端墙的延伸线不能偏离端墙。
2. 测设 90°一定要采用正倒镜分中法。

六、实习报告

1. 记录手簿。

表 26　建筑物平面放样资料记录手簿

延长 $d=$		轴线长 $AB=DC$	
间距 $bm=$		$AD=BC$	
支距 $mA=nB$			

2. 实习小结。

实习小结	

3. 思考题。

（1）拨角时为什么要采用正倒镜分中法？

（2）测设点位时的误差有哪几项？

参 考 文 献

[1] 张保成. 测量学课间实习指导书[M]. 北京：人民交通出版社，1990.
[2] 马斌，余梁蜀，韩群柱，屈漫利. 工程测量学实践指南[M]. 西安：西安地图出版社，1999.